UN HOMME ET SA MISSION
Le Cardinal Léger en Afrique

† Paul. E. Card. Léger

2·XI·76

"Je suis un homme, seulement un homme, une parcelle de l'humanité."

UN HOMME

ET SA MISSION
Le Cardinal Léger en Afrique

KEN BELL

Texte de HENRIETTE MAJOR

LES ÉDITIONS DE L'HOMME*
CANADA: 955, rue Amherst, Montréal 132
EUROPE: 21, rue Defacqz—1050 Bruxelles, Belgique
*Filiale du groupe Sogides Ltée

Bibliothèque nationale du Québec
Dépôt légal — 3e trimestre 1976

ISBN-0-7759-0502-X

Conception graphique/Julian Cleva

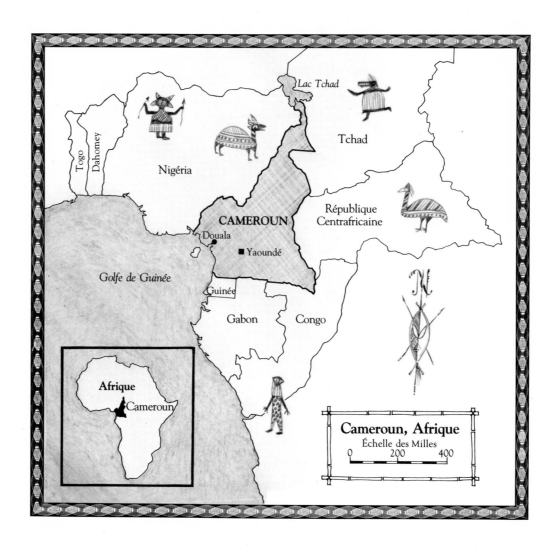

Togo

Dahomey

Nigéria

Lac Tchad

Tchad

République
Centrafricaine

CAMEROUN

Douala

■ Yaoundé

Golfe de Guinée

Guinée

Gabon

Congo

N

Afrique

Cameroun

Cameroun, Afrique
Échelle des Milles

0   200   400

Table des matières

Mot du Président du Cameroun

Le Cardinal Paul-Emile Léger mérite notre admiration et notre reconnaissance pour sa magnifique oeuvre au profit des handicapés du Cameroun.

AHMADOU AHIDJO

Tribut de reconnaissance du cardinal

Dès la première heure du lancement des deux oeuvres qui m'ont permis d'apporter une aide substantielle aux lépreux et aux enfants handicapés d'Afrique, j'ai fait appel à la collaboration active de nombreux laïcs. Le succès de ces oeuvres tient en majeure partie à leur esprit d'initiative. Si je devais les nommer tous, je couvrirais des pages de ce volume. Mais je ferai une exception pour souligner le dévouement des présidents anciens et actuels. Monsieur Bernard Benoît mérite une mention particulière. Durant de nombreuses années, il cumula la présidence de l'oeuvre pour les lépreux, *Fame Pereo*,[1] et de l'oeuvre pour les enfants handicapés. Le Seigneur l'a appelé à un service plus parfait. Il a consacré le reste de sa vie à la louange de Dieu, en prononçant ses voeux de religieux à l'abbaye de St-Benoît-du-Lac. Cher frère Bernard, si vous lisez ces lignes, trouvez-y le témoignage d'une gratitude éternelle que vous partagerez avec vos collaborateurs et collaboratrices et surtout avec votre fille Francine . . .

Les successeurs à la présidence de Monsieur Benoît gèrent encore nos affaires. Monsieur Maurice Gravel s'occupe activement, avec son conseil d'administration, de l'oeuvre des lépreux. Monsieur Marcel Vincent et ses collaborateurs suivent de près la marche de l'Oeuvre du cardinal.[2]

Je serais ingrat si je n'exprimais pas à Monsieur l'abbé Robert Riendeau ma reconnaissance. Son inlassable dévouement a permis à l'oeuvre de l'Afrique de surmonter de nombreuses difficultés.

Ce livre, qui est aussi l'album du souvenir, est dédié aux milliers de donateurs et donatrices qui soutiennent mes oeuvres depuis plus de dix ans. Quelques-uns ont versé une large aumône. Beaucoup ont donné la piécette du pauvre. Devant Dieu, celle-ci peut être aussi précieuse.

+ Paul-É. Card. Léger   PAUL-É. CARD. LÉGER

Avant-propos de Jean Zoa, Archevêque de Yaoundé

L'amitié entre Son Eminence et moi-même est née de ce que j'appellerais volontiers une "camaraderie conciliaire". Je me rappellerai toujours ce cardinal qui arrivait très tôt dans l' "aula" conciliaire, il priait le chapelet ou il préparait ses interventions. Ainsi nous avions le temps de nous consulter ou de nous concerter à propos de l'élaboration et des orientations de LUMEN GENTIUM, GAUDIUM et SPES, AD GENTES...Et c'est ainsi que nous apprîmes à nous fréquenter et à nous connaître.

Un an après le concile, j'étais invité par Son Eminence à donner le sacrement de confirmation à des centaines de petits Québécois dans les paroisses de Montréal. C'est à la fin de cette année-là, 1967, que le cardinal Léger arrivait à Yaoundé, le 27 décembre.

Dès son premier contact avec la presse, à Yaoundé, le cardinal fut très clair: "Je ne suis pas venu avec un projet à réaliser, je suis venu me mettre à la disposition des plus pauvres et à la disposition de l'Eglise et des autorités de votre pays". Cette attitude d'humilité et de disponibilité dans le service, non seulement ne se démentira pas par la suite, mais elle ne fera que se confirmer et s'approfondir.

Le cardinal était connu en Afrique pour son intérêt envers les victimes de la lèpre, cette "maladie biblique"; et c'est ce que relevait presque exclusivement la presse internationale: le cardinal est parti pour se mettre au service des lépreux.

Dans ce souci d'écouter la voix des autorités et de l'Eglise locales, le cardinal accepta de ne pas se laisser confisquer par les lépreux. Il étendit donc son intérêt à tous les domaines qui lui étaient présentés comme "urgents" ou "prioritaires". La liste des réalisations accomplies par lui montre précisément la catholicité de son coeur et de son intérêt.

Je me rappellerai toujours ce long pèlerinage que nous avons entrepris auprès de toutes les autorités des Services techniques de santé pour savoir exactement quelles étaient les orientations de ces services, afin qu'aucun de nos efforts ne soit fait en dehors ou contre ces orientations: ministère de la Santé et des Affaires sociales, Premier ministère, hôpital Central, Centre Jamot, Services des grandes endémies, etc., etc... C'est à la suite de ces colloques que le cardinal accepta de réaliser le Centre de rééducation pour les handicapés. Mais alors, dès que le projet fut arrêté, le cardinal s'y adonna corps et âme. Il avait 63 ans en arrivant, mais on pouvait lui en donner 40! Visites de dispensaires, séjour dans des léproseries... Une année, le cardinal aura donné le sacrement de confirmation dans les 58 paroisses de l'archidiocèse.

Le cardinal Léger, dès le premier jour, aimait à dire qu'un cardinal était "un meuble encombrant". Je dois à la vérité de dire qu'il ne le fut jamais pour moi. Sa simplicité et son attention vous mettaient tellement à l'aise, sa jovialité fraternelle, sa présence et son attention aux autres faisaient que nous oubliions qu'il était cardinal.

Cette présence aux personnes et aux problèmes de l'entourage allait de pair avec une communion très profonde aux problèmes, aux luttes, aux angoisses de l'Eglise universelle et de toute l'humanité. Il ne se passait aucun événement, dans l'Eglise ou dans le monde, qui n'ait une répercussion immédiate sur lui, sur son coeur et dans ses préoccupations.

Des visiteurs passant au Cameroun s'écrient parfois en voyant le Centre de rééducation des handicapés: "N'aurait-on pas pu faire quelque autre chose? Etait-ce vraiment là la priorité?"

Comme je l'ai noté plus haut: en arrivant au Cameroun, le cardinal n'avait pas du tout l'intention de créer un Centre de rééducation pour les enfants handicapés; c'est le Cameroun qui l'a converti à cette idée, car le besoin s'était fait sentir déjà. Il y avait un embryon d'une oeuvre de ce genre-là. Le Cameroun a privilégié ce domaine, à cause de son caractère essentiellement humain.

Qui parcourait, à cette époque-là, les brousses du Cameroun était

frappé par la vue de milliers d'êtres humains qui végétaient dans la misère et l'abandon; car les handicapés étaient considérés comme une espèce de malédiction; comme une sorte d'incarnation et de présence du mauvais esprit et du mauvais sort dans la famille. Ne parlons pas de l'impuissance dans laquelle se trouvaient les parents et la famille dans le sens collectif. Cette oeuvre, aux yeux des Camerounais, était d'abord l'affirmation de la primauté de l'être humain qui mérite égard et considération, même dans ses représentants les plus déficients.

C'était ensuite une lueur d'espoir à donner à tant de familles honteuses, accablées et écrasées. C'était aussi une espèce d'exorcisme collectif, qui libérait les enfants et leur famille.

Bien sûr, pour ceux qui calculent tout en termes de rendement économique, cette oeuvre paraît comme du gaspillage; mais il est certain qu'à côté de nos grandes villes d'Afrique qui elles aussi se déshumanisent de plus en plus, la présence de ce Centre est comme un rappel à des valeurs plus profondes que celles qui nous occupent et nous écrasent habituellement: l'argent, la richesse, les honneurs et la puissance . . .

Pour terminer, je voudrais signaler un trait de la personnalité du cardinal dont le souvenir me reste profondément ancré dans le coeur et l'esprit: la délicatesse et l'humilité. Je souhaite à tous les curés du monde d'avoir des vicaires à la fois aussi dynamiques, aussi coopératifs et aussi soumis que le cardinal Léger le fut vis-à-vis de moi.

En pensant à la présence et à l'oeuvre du cardinal Léger parmi nous, beaucoup de Camerounais se disent: "Vraiment, le concile Vatican II a été du sérieux"! D'autres ajoutent: "Tiens, les saints existent, même de nos jours".

+ yoa

Fait à Yaoundé le 27 fév. 1976
JEAN ZOA
ARCHEVÊQUE DE YAOUNDÉ

L'HOMME

"CE QUE VOUS FAITES aux plus petits d'entre les miens, c'est à moi-même que vous le faites…"

Cette parole de l'Evangile semble avoir inspiré la carrière de Son Eminence le cardinal Paul-Emile Léger, celui que les Québécois appellent encore affectueusement "le Cardinal". Lorsque, en novembre 1967, le cardinal Léger annonça sa démission comme archevêque de Montréal, cette nouvelle fit l'effet d'une bombe. Archevêque depuis 1950, cardinal depuis 1953, ce prélat dynamique avait fortement marqué de sa personnalité les activités reliées à sa fonction: on était heureux de le voir et de l'entendre lors des événements importants de la vie des Montréalais; on répondait spontanément à ses fréquents appels en faveur des déshérités; on le considérait comme l'un des piliers de notre société. Et voilà que le cardinal, notre cardinal, alors au sommet de sa carrière, annonçait tout bonnement qu'il abandonnait ses hautes fonctions pour devenir simple missionnaire; il nous quittait pour aller oeuvrer dans la lointaine Afrique. Le Québec n'arrivait pas à imaginer cet homme dépouillé de la pourpre cardinalice qu'il arborait avec tellement d'aisance et de dignité. Cette décision, la première du genre dans l'Eglise catholique, a fait la manchette bien au-delà de nos frontières. On dut s'habituer peu à peu à une nouvelle image du cardinal, celle d'un homme vieillissant, habillé d'une simple soutane blanche, courbé sous les nombreux soucis reliés à une oeuvre nouvelle, dans un milieu très différent de son milieu familier. Non seulement avait-il voulu utiliser son prestige pour drainer vers les plus malheureux d'entre les hommes une partie des ressources des plus riches, mais il avait voulu également partager la vie quotidienne des plus démunis. Une fois la surprise passée, on s'est familiarisé avec cette nouvelle image: le cardinal parmi les lépreux d'Afrique, parmi les enfants handicapés, parmi les malades et les affamés. Mais lui ne s'est jamais habitué à la misère des autres: "le Seigneur a eu pitié des pécheurs mais il s'est aussi penché sur les misères physiques", nous confie-t-il. A soixante-douze ans, à l'âge où il pourrait aspirer au calme de la retraite, il

continue à travailler pour maintenir et développer ses oeuvres d'Afrique. De retour au pays depuis février 1973, il s'impose périodiquement d'épuisants voyages pour aller remonter le moral de ses troupes. A son bureau de Montréal, il continue, entouré d'une petite équipe, à solliciter les riches en faveur des pauvres; maintenant que l'oeuvre est bien établie là-bas, il a compris que "le cardinal" est plus utile ici, à frapper inlassablement aux portes afin d'apporter de l'eau, ou plutôt des sous, à ses moulins d'Afrique . . .

"Le cardinal est plus près que jamais des Africains" titraient les journaux, lorsqu'il a annoncé qu'il allait désormais passer plus de temps à son bureau de Montréal.

C'est pourtant en Afrique que nous l'avons rencontré, dans ce paysage exubérant et coloré qui fait mieux ressortir encore le côté ascétique de sa personne. Des traits accusés par l'âge et le travail, un regard profond, une expression souvent soucieuse qui s'éclaire soudain d'un sourire trahissant une incroyable jeunesse de coeur, voilà l'image que nous a laissée le cardinal. Il faut le voir circuler parmi les enfants, leur distribuant caresses et encouragements, prenant dans ses bras les plus petits, les laissant jouer avec sa croix pectorale. Il faut l'entendre prêcher à ces jeunes handicapés, dans la petite chapelle du Centre, leur parlant en termes simples du sens de la souffrance et de la joie de vivre malgré tout. S'il sait se faire humble avec les humbles, il retrouve, pour rencontrer les grands personnages, la dignité de sa fonction. Le président Ahidjo le reçoit au palais présidentiel avec tous les égards dus à un prélat.

Par quel cheminement cet homme en est-il arrivé à cette vie d'active bienfaisance dans un pays où rien, au départ, ne semblait l'appeler? Il faut retracer la carrière exceptionnelle du cardinal, suivre le long déroulement des voies de la Providence, pour comprendre quelque peu son évolution.

21

DANS LE MAGASIN GÉNÉRAL de son père à Saint-Anicet, petit village situé non loin de Valleyfield, sa ville natale, le futur cardinal est fasciné par les "veilleux", les hommes du village qui se rassemblent le soir autour du poêle pour discuter politique. C'est par les conversations des "veilleux" que le jeune Paul-Émile apprend à connaître le monde extérieur; cette petite société, c'est l'image de la grande société dans laquelle il rêve déjà vaguement de jouer un rôle. A l'école du village, il termine rapidement son cours primaire: dans ces écoles à classe unique, un enfant brillant avait tôt fait d'assimiler l'enseignement donné aux groupes plus avancés. Comme enfant de choeur, il a souvent l'occasion de servir la messe, tâche qu'il accomplit avec ferveur; à cette époque, son jeu préféré est de refaire les gestes de la messe; sa grand-mère maternelle, femme très pieuse et même mystique, l'encourage à ces jeux. A douze ans, sous l'influence du curé de sa paroisse qui a fait ses études à cet endroit, on envoie le jeune garçon au séminaire de Sainte-Thérèse. "Il fallait deux jours de voyage pour aller de ma maison au collège, dit le cardinal, alors qu'aujourd'hui je me rends en une journée de Montréal à Yaoundé!"

(En haut) *La maison où le cardinal a passé son enfance.* (A droite) *Le choeur de l'église de St-Anicet.*

Déjà, le jeune Paul-Emile est hanté par l'idée de la prêtrise; malheureusement, la maladie l'oblige à interrompre ses études après la versification. Il parle des trois années qui ont suivi comme "d'années douloureuses". Ses parents se sont installés à Lancaster, petite ville de l'Ontario. En plus de ses problèmes de santé, le jeune homme souffre de son isolement; il essaie divers métiers: électricité, mécanique, boucherie. Le jour de Noël 1923, après avoir communié durant la messe de minuit, il se réfugie au jubé pour méditer. "Je m'en rappelle comme si c'était hier, dit le cardinal; j'ai entendu une voix me dire très fermement: *Tu seras prêtre.*" C'est un moment décisif dans la vie du cardinal: il termine sa philosophie et entre au Grand séminaire. "Je n'ai jamais été malade depuis, dit-il; je me suis consacré avec beaucoup de sérieux à ces études qui devaient me mener à la prêtrise: j'aimais l'atmosphère du Grand séminaire."

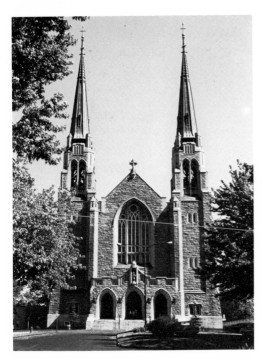

(En haut) *La cathédrale Ste-Cécile, à Valleyfield.* (A gauche) *L'église de St-Anicet, sur la pointe du village et le lac St-François.*

Ordonné prêtre en mai 1929, il s'embarque pour Paris en septembre: il a décidé de se joindre à la Société de Saint-Sulpice et il fera son noviciat à Issy-les-Moulineaux. "Le jour de mon arrivée, dit-il, deux sulpiciens s'embarquaient pour la mission d'Hanoi; cette coïncidence a réveillé en moi un vieux désir, celui d'être missionnaire." Après des études en droit canon, il enseignera pendant deux ans au séminaire d'Issy-les-Moulineaux; lors de vacances au Canada, il apprend que ses supérieurs l'ont choisi pour aller fonder un séminaire à Fukuoka, au Japon: son rêve de mission lointaine s'accomplissait. De 1933 à 1939, il travaillera au Japon; il connaîtra les problèmes d'une oeuvre à ses débuts, dans cette période difficile qui a précédé la guerre.

En 1940, les événements internationaux le forcent à rentrer au pays; il est nommé vicaire général du diocèse de Valleyfield et curé de la cathédrale; il demeurera sept ans à ce poste. "Ce furent des années pleines et fécondes, dit-il; à Valleyfield, j'ai vécu parmi une communauté chrétienne très fervente." Malgré son goût pour l'enseignement, le cardinal s'est tout de suite senti à l'aise dans son rôle de pasteur: "L'homélie, c'est une autre forme d'enseignement", dit-il. D'ailleurs, il avoue que le discours reste son moyen d'expression privilégié. Pour se détendre, il accepte de donner des conférences dans diverses institutions; son sujet de prédilection: *Claudel, poète chrétien.*

Mais il semble que ce prêtre dans la force de l'âge soit souvent choisi pour des tâches difficiles: le Collège canadien de Rome avait été fermé durant les années de guerre; occupé par l'armée italienne, l'édifice était dans un piètre état; c'est le futur cardinal qui réouvrira et réorganisera ce prestigieux collège; frappé par la misère qui règne en Europe durant ces années d'après-guerre, il organisera des collectes au Québec pour recueillir du lait en poudre, de l'huile de foie de morue, des vêtements; en une année, il distribuera quatre mille caisses de denrées aux pauvres de Rome; déjà se manifeste son souci d'une meilleure distribution des richesses.

(En haut et à droite) *La cathédrale Marie-Reine-du-Monde, à Montréal.*

En 1950, à quarante-six ans, Paul-Emile Léger est nommé archevê-que de Montréal. Trois ans plus tard, il est élevé au rang de cardinal: c'est le plus jeune prince de l'Eglise de son temps. Le "p'tit gars de Saint-Anicet" s'est élevé incroyablement vite dans la hiérarchie ecclé-siastique. Pendant dix-sept ans, il jouera un rôle prépondérant dans la société québécoise.

A l'époque de son épiscopat à Montréal, il avait entrepris une lutte sans merci contre la pauvreté. "On ne combattra vraiment la pauvreté que le jour où son existence deviendra intolérable à toute la population", avait-il déclaré en abordant ses hautes fonctions. Il fonde à Montréal le Foyer de la charité et la Porte du ciel, refuges à l'intention des sans-foyers; puis, grâce à un appel auquel répondront toutes les couches de la population, on remet en état un vieil édifice pour en faire l'hôpital Saint-Charles-Borromée, destiné aux malades chroniques; la fameuse "corvée du cardinal" réunit des ouvriers de tous les corps de métiers, venus offrir gratuitement quelques heures de travail pour "l'hôpital du cardinal"; on n'avait jamais vu ça . . . Le cardinal avait réussi à convain-cre la population que la pauvreté, c'est l'affaire de tout le monde. En même temps qu'il cherche à soulager la misère chez lui, Mgr Léger se préoccupe des pays sous-développés. "Entre nous et les peuples qui souf-frent, nous avons élevé un mur d'égoïsme et d'indifférence. Les Cana-diens suralimentés s'abritent derrière leurs tas de blé, alors que les deux-tiers de la population du globe crèvent de faim", affirme-t-il avec amer-tume aux membres de la Chambre de commerce de Montréal, en 1962. Ce déséquilibre, le cardinal le qualifie de "péché collectif que les bien nourris commettent en toute inconscience contre la justice et l'huma-nité".

Lors du concile oecuménique de 1963, il est l'un des chefs de file dans la discussion pour le décret sur la liberté religieuse, et l'un des architectes du décret sur l'oecuménisme. Déjà, ses interventions lais-saient présager le moment où il troquerait la pourpre cardinalice pour la

La maison Quesnel (1780) à Lachine, où le cardinal recevait souvent des hôtes lorsqu'il était archevêque de Montréal.

soutane blanche du missionnaire. "L'évêque doit servir et non être servi, déclare-t-il lors du concile. Je propose un usage plus modeste des insignes, des vêtements, des titres en usage chez les ecclésiastiques de haut rang." L'usage des antiques magnificences constituerait, selon lui, un obstacle à l'action évangélique auprès des pauvres.

LA MISSION

EN DÉCEMBRE 1963, durant le concile, il entreprend une visite des missions canadiennes en Afrique. Ce contact direct avec le dénuement et la souffrance des déshérités d'Afrique le bouleverse et l'amène à remettre bien des choses en question. Une immense pitié s'empare de lui: "Il était devenu clair que Notre-Seigneur me demandait des actes autant que des paroles", dira-t-il en expliquant sa démission de l'archevêché de Montréal, quelques années plus tard; devant les problèmes mondiaux de la faim, de l'analphabétisme, du sous-développement, en contraste avec notre civilisation technocratique axée sur l'efficacité aux dépens des valeurs humaines, le cardinal avait choisi. Après le synode de 1967, quittant de confortables habitudes ainsi que les honneurs dévolus à son poste, il décide de se consacrer corps et âme aux plus miséreux. Durant les huit années suivantes, le cardinal vivra en Afrique, mettant ses talents d'organisateur et d'administrateur au service des Africains.

Pour un Nord-Américain habitué au confort et à l'abondance, le premier contact avec l'Afrique noire est un choc, surtout s'il voyage en dehors des circuits touristiques et des grands hôtels. La plupart du temps, lorsqu'on séjourne en Afrique, il faut oublier les belles routes asphaltées, les grands magasins, les normes d'hygiène auxquelles on est habitué; l'eau courante et l'électricité sont l'apanage des riches, et même des très riches, de ceux qui vivent dans des maisons "en dur" et qui sont, pour la plupart, des Européens ou d'autres individus à la peau blanche. Dès qu'on sort des villes, la majorité des Noirs vivent dans des cases, maisons exiguës faites d'une structure de bambou recouverte de terre glaise; les toits, surtout en brousse, sont faits de feuilles de palmiers ou de bananiers; lorsqu'on s'approche des agglomérations, on aperçoit ici et là, luxe suprême, des toits de tôle ondulée.

Autour des cases, une foule grouillante composée d'hommes, de femmes, d'enfants, de vieillards; on se demande comment tant de gens peuvent loger dans un espace aussi restreint. Le nombre de mendiants et d'infirmes a de quoi surprendre: il est contraire aux coutumes des Africains de séparer les infirmes du reste de la communauté. On peut

(En haut) *Une famille au village.* (A gauche)
La récolte de cacao.

comprendre que devant des besoins aussi criants, le cardinal ait choisi l'Afrique comme champ d'action. "L'adaptation a été lente, dit le cardinal, ça ne s'est pas fait du jour au lendemain. Mes années d'Afrique, avec leur contingent de soucis, ont compté en double pour moi. Je ressens ma fatigue . . . "

35

(En haut) *Soeur Lise Carignan, infirmière à Nsimalen. Au fond, le Père Bouchard.*

L ORS DE SA TOURNÉE des missions d'Afrique en 1963, il avait été bouleversé par les colonies de lépreux, véritables loques humaines dont les conditions de vie lui avaient semblé particulièrement pénibles. Toujours ce souci des plus malheureux . . .

A son retour du concile, il avait fondé le mouvement Fame Pereo (je meurs de faim), destiné à recueillir des fonds pour soigner les lépreux. Mais pour le cardinal, il n'était pas suffisant de donner de l'argent: il tenait à donner de sa personne. Aussi, quand, en 1967, il prend la décision d'aller vivre en Afrique, il a d'abord l'idée de se consacrer aux lépreux. Il séjourne six mois à Bafia au Cameroun dans une colonie de 300 lépreux. "Il faut vivre avec les lépreux pour découvrir leur détresse" constate le cardinal; la maison qu'il a construite à cet endroit sert présentement de résidence à des infirmières. Lors du concile, il s'était lié d'amitié avec Mgr Zoa, évêque de Yaoundé. Après son séjour à Bafia, il se présente à Nsimalen, mission du diocèse de Yaoundé, dirigée par les prêtres des Saints Apôtres, missionnaires canadiens. C'est là qu'il fut pratiquement, durant trois ans, le vicaire du curé, le Père Pierre-Julien Bouchard.

Dès le départ du cardinal pour l'Afrique, on avait associé son image aux colonies de lépreux auxquelles il avait l'intention de se consacrer en premier lieu. Si les circonstances ont fait qu'il s'est occupé surtout des enfants infirmes, il reste que son action auprès des lépreux n'est pas négligeable. On oublie trop souvent qu'il existe en Afrique quelque 3 900 000 lépreux. Le cardinal a apporté une aide financière à quatre-vingt-deux léproseries réparties dans vingt pays africains.

Cette aide a pris diverses formes: construction de cases pour loger les lépreux, construction et équipement de dispensaires, adduction d'eau et d'électricité.

A Jamot, une autre léproserie située près de Yaoundé, un petit atelier construit grâce aux dons du cardinal permet aux lépreux de gagner leur vie en exécutant des travaux sur bois et des travaux de vannerie. "Le travail leur permet de retrouver la dignité humaine qu'ils avaient

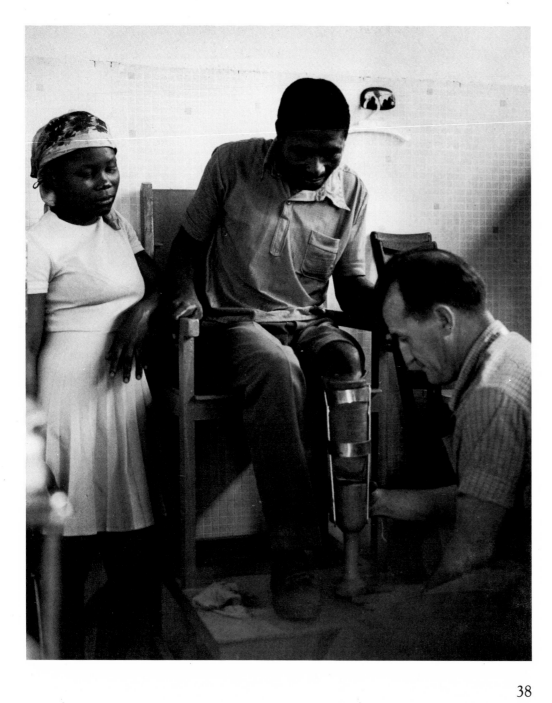

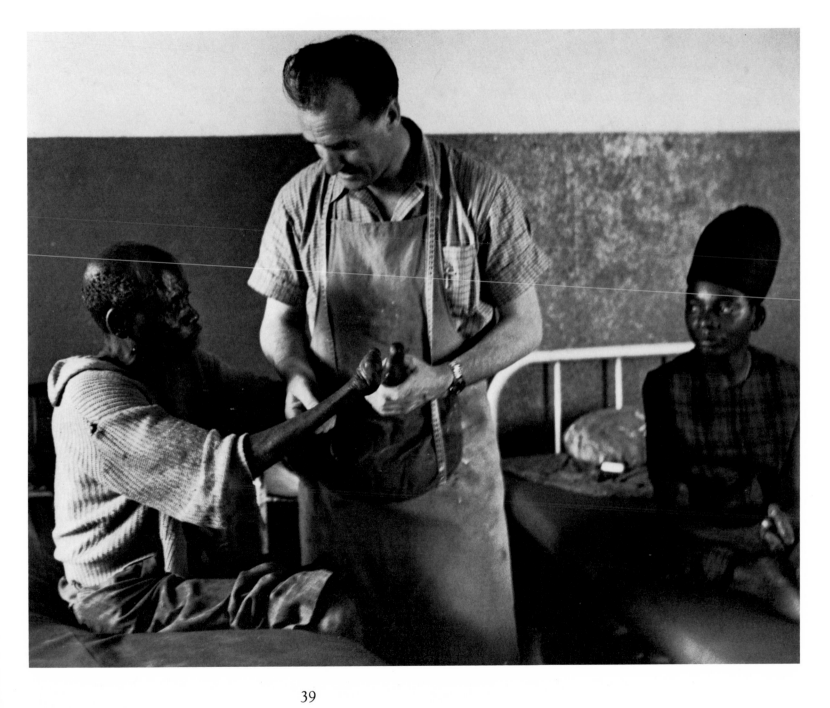

perdue," dit l'abbé Raymond Jaccard, l'un des directeurs de cette institution. Raymond et Pierre Jaccard, tous deux prêtres séculiers originaires de France, font un travail extraordinaire auprès des lépreux; ils fabriquent des prothèses ingénieuses qui permettent à ces malheureux de marcher, de travailler, d'avoir une vie active. Il fallait voir la joie de Christine, mère de sept enfants, qui essayait pour la première fois une jambe artificielle. Elle était si empressée de s'exercer à marcher qu'il a fallu l'arrêter, de peur qu'elle ne s'épuise.

On connaît maintenant les moyens d'arrêter les progrès de cette terrible maladie; mais très souvent, les malades tardent à se faire soigner. "En Afrique, être lépreux c'est presqu'une situation sociale, dit l'abbé Jaccard; on est pris en charge par l'Etat, on n'a plus besoin de se soucier de gagner sa vie. C'est pourquoi tant de personnes atteintes de cette maladie ne se présentent au dispensaire qu'en dernier recours, lorsque le mal a déjà fait tellement de ravages qu'on doit les amputer d'un membre. Il faut donner à ces gens de nouvelles raisons de vivre. Si nous pouvions former des équipes volantes de médecins et de chirurgiens qui iraient en brousse soigner les cas de lèpre à leurs débuts, on pourrait éliminer cette maladie en quelques années", dit encore ce prêtre. Mais un projet de cette envergure demande un vaste programme, une planification qui ne peut se faire qu'au niveau des gouvernements.

En Afrique, une léproserie ressemble à un village ordinaire, avec ses cases en bambou recouvertes de terre glaise, ses toits de feuilles de palmier, les poules qui picorent et les chèvres qui broutent entre les cases. Il règne la même atmosphère d'activité nonchalante que partout ailleurs, sauf qu'ici, les habitants sont amputés des doigts, d'une main, d'un pied ou d'une jambe. Au village de Nbalmayo, où le cardinal effectuait une visite impromptue, chacun vaquait à ses occupations. Lorsque le cardinal s'est dirigé vers un lépreux occupé à des travaux de menuiserie, celui-ci n'a tout d'abord pas reconnu le visiteur. Le cardinal s'approche, lui serre la main, le questionne sur sa santé. Tout à coup, le pauvre homme réalise à qui il a affaire. Son visage s'éclaire; il s'écrie: "C'est vous, le

(En haut) *Christine.* (A droite) *Les Frères Raymond et Pierre Jaccard ajustent des membres artificiels.*

40

cardinal! J'ai vu votre photo au dispensaire!" Et le voilà qui annonce la nouvelle à tout le village: de chacune des cases, les gens sortent en s'exclamant: "C'est le cardinal!" Il est entouré, chacun veut lui parler, le toucher. Lui, serre les mains (ou les moignons), caresse les enfants, prodigue des paroles d'encouragement.

En sortant de ce village, son visage exprime le découragement. "On ne peut aider tous les lépreux, dit-il. Notre aide, c'est une goutte d'eau dans l'océan . . . On se sent impuissant. Le plus dangereux, ce n'est pas de se décourager, mais de se dire qu'on n'en connaîtra jamais la fin . . . A peine avez-vous terminé une oeuvre, que des milliers d'autres appels se font entendre. Comment répondre à ces appels? . . . "

43

POURTANT, le cardinal a répondu à des appels tellement nombreux et tellement variés . . . Dès 1970, il fonde une corporation sans but lucratif qui a pour objet d'administrer les fonds qui lui arrivent de partout. Cette corporation, *Le Cardinal Léger et ses oeuvres*, a envoyé jusqu'à maintenant plus de $4 000 000 pour subvenir à des besoins urgents. Plusieurs pays d'Afrique ont profité de dons importants: le Gabon, le Dahomey, le Cameroun; construction de dispensaires, de maternités, d'écoles, de résidences pour religieuses africaines, réfection d'hôpitaux, bourses d'études pour étudiants africains; autant d'oeuvres qui, pour n'être pas toutes spectaculaires, n'en sont pas moins essentielles.

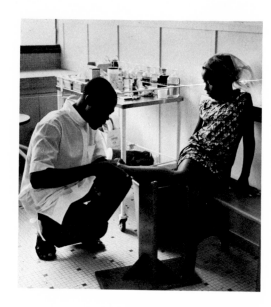

A Nsimalen, où il a séjourné deux ans, il a collaboré au financement d'une petite fabrique de meubles qui donne du travail aux gens de la région; il faut voir les magnifiques tables dont le dessus est taillé à même un tronc d'acajou ou de fromager. Ces meubles originaux se vendent même au-delà des frontières du Cameroun.

Les envois de vivres et les programmes d'aide technique aux pays du Tiers-Monde sont le plus souvent pris en charge par des organismes gouvernementaux étrangers. Mais le cardinal considère comme aussi urgents les besoins dans les domaines de la santé et de l'éducation; c'est pourquoi la plus grande partie de ses efforts sont concentrés dans ces deux secteurs.

On peut se demander pourquoi le cardinal semble se pencher particulièrement sur les problèmes de la santé en Afrique (une très grande partie du budget de ses oeuvres). Il s'est lui-même expliqué sur ce point, lorsqu'il a reçu le prix de la Banque royale du Canada en 1969; à cette occasion, il affirmait que ce qui caractérise les pays du Tiers-Monde, c'est la pauvreté, la sous-alimentation et la maladie, la maladie étant souvent aggravée par les deux autres fléaux; en effet, la pauvreté amène le manque de soins, et la sous-alimentation réduit la résistance aux maladies. Les besoins en services de santé sont tellement criants, les ressources de ces pays tellement peu adéquates, que sans une aide concrète, ils ne peuvent résoudre seuls ces problèmes. "Le Tiers-Monde est comme

44

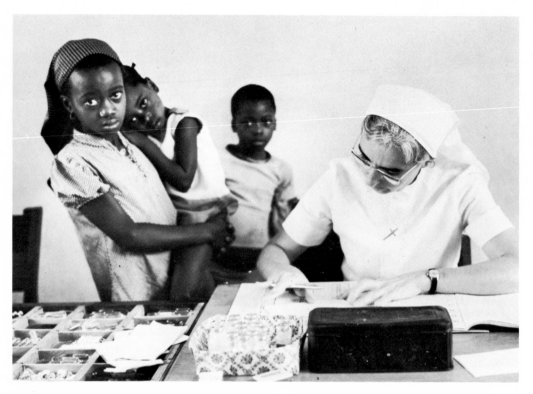

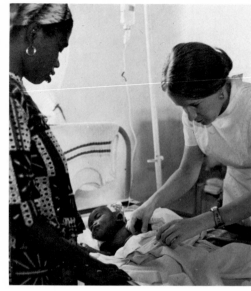

(A droite) *Soeur Lise Carignan a dirigé le dispensaire de Nsimalen durant quelques années.*

une gigantesque salle d'attente d'hôpital, dit le cardinal. Les conséquences de cette situation sont très graves; les répercussions s'en font sentir dans la vie économique et sociale, puisque la productivité de ces pays en est réduite de 30 à 60%." On peut donc dire que l'action du cardinal dans le domaine de la santé a d'énormes répercussions sociales; donner au plus grand nombre possible de handicapés physiques et mentaux une plus grande autonomie, en faire des gens actifs au sein de leur milieu normal, c'est là une des idées centrales de l'oeuvre du cardinal.

"L'aide apportée aux êtres les plus négligés du Tiers-Monde, lépreux, infirmes, déficients physiques et mentaux, orphelins, m'a donné le plus grand réconfort, affirme-t-il. Fournir à des êtres humains les moyens de s'intégrer à une vie sociale active m'apparaît comme une oeuvre éminemment profitable".

46

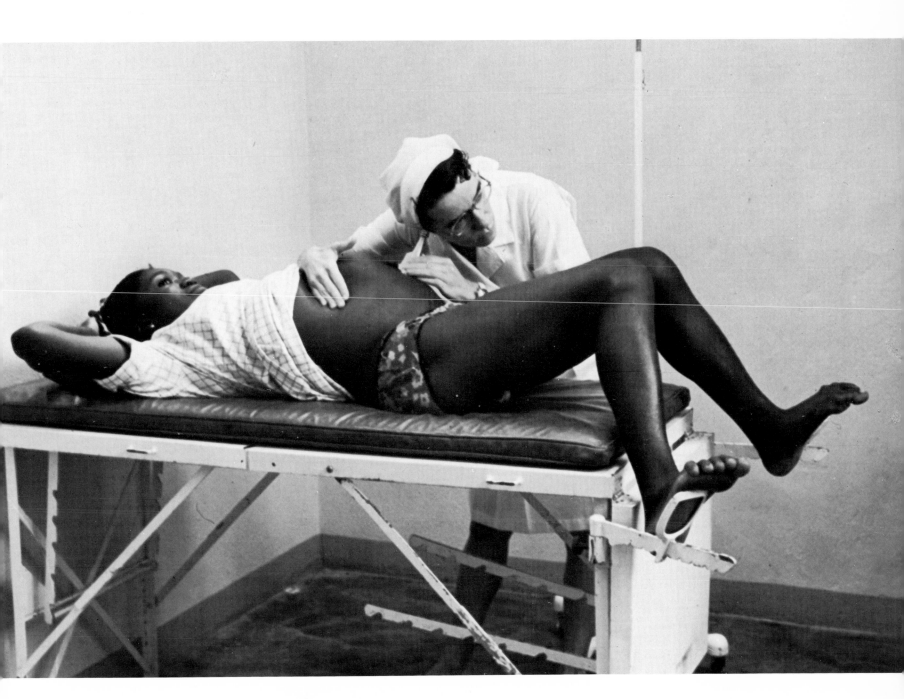

47

Une séance d'animation dirigée par Soeur
Claire Asselin, religieuse de Sainte Anne.

49

AYANT VÉCU QUELQUE TEMPS AU CAMEROUN, le cardinal avait bien observé le milieu et consulté les autorités locales; il décide de construire un Centre de rééducation pour les handicapés. "Je n'ai pas fait un pas ici sans que ma démarche soit approuvée par les autorités civiles et religieuses, dit-il. Depuis ma venue ici, j'ai écouté les Africains et leurs chefs: il m'ont beaucoup appris. Ils savent faire preuve d'ouverture d'esprit, de bonne volonté et de tolérance, pourvu que nous répondions à leurs besoins réels et non à ce que nous estimons, un peu à la légère, être leurs besoins."

Le cardinal constate que les léproseries sont assez bien organisées et desservies par les services gouvernementaux ou les missions; la lèpre, maladie évangélique, était une préoccupation de tous les missionnaires; par contre, on lui signale un secteur complètement délaissé, celui des enfants handicapés. Près de 2% de la population enfantine du Cameroun souffre de séquelles de la polyomyélite; le nombre d'enfants infirmes est effarant. Dans cette société tribale, on accepte l'infirmité comme une calamité inéluctable: l'enfant infirme est souvent considéré comme porteur d'un mauvais sort; il n'est pas rejeté, mais on ne peut rien faire pour l'aider à surmonter son handicap ni pour le réhabiliter. Un peu partout dans les villes et les villages, on peut voir de ces jeunes infirmes se traîner dans la poussière, au milieu de l'activité générale. Il est même arrivé que dans certaines régions, les "enfants-reptiles" soient sacrifiés au "Dieu-serpent". "Personne n'est plus démuni qu'un infirme dans le Tiers-Monde", constate le cardinal. Il s'enthousiasme pour la rééducation des jeunes handicapés, cette oeuvre éminemment utile. Par le fait même, il contribue à changer la mentalité de cette société à l'égard du handicapé.

Il obtient donc de l'Eglise diocésaine un magnifique terrain sur une colline dominant la ville de Yaoundé. Ce terrain lui est octroyé avec le consentement des chefs des villages environnants. Le site était bien choisi: la ville est située, à l'orée de la forêt tropicale, sur une série de collines à 750 mètres au-dessus de la mer; c'est une région au climat

agréable, chaud et sec durant le jour, frais durant la nuit. Le coucher du soleil, vu de la terrasse de l'un des pavillons du Centre, est un spectacle inoubliable, une explosion de couleurs.

Dans ce paysage grandiose, le cardinal entreprend la construction d'un Centre de rééducation. Le gouvernement camerounais construit une route pour rendre le Centre accessible et y achemine l'eau et l'électricité. Pendant et après les travaux, le cardinal habitera une roulotte en bordure du terrain; cet homme habitué à la vie douillette qu'un prélat peut se permettre dans notre monde occidental se contentera d'un logement exigu, aux confins de la brousse africaine. En vivant sur place, le cardinal a réussi à éviter certains problèmes, entre autres les discordes souvent suscitées par la distribution de dons dans les pays sous-développés.

Il est arrivé trop souvent que l'aide aux pays sous-développés n'atteigne pas vraiment ceux auxquels elle était destinée. En étant présent sur les lieux, le cardinal a pu faire en sorte que les dons soient dirigés vers les véritables besoins. Ainsi, il veillera lui-même aux travaux de construction du Centre de Yaoundé. "Ceux qui viennent en Afrique pour faire un safari s'en retournent avec des impressions bien superficielles. Il faut avoir partagé la vie de ces gens pour arriver à les comprendre", dit-il à la suite de cette expérience.

La construction du Centre.

LE CENTRE DE RÉÉDUCATION DES HANDICAPÉS

de Yaoundé a pris forme. Il comprend quatorze pavillons très fonctionnels, bien adaptés au climat et aux besoins des handicapés qui y font un séjour. Surplombant la vallée, entouré d'un jardin où fleurissent les mimosas et les bougainvilliers, le Centre fait bonne figure dans ce paysage exubérant.

A l'entrée, un dispensaire où, dès les premières heures de la journée, les patients viennent s'installer sur les banquettes en plein air; pour ces gens qui ont souvent fait un long chemin à pied depuis leur lointaine brousse, la notion du temps n'est pas la même que sous nos climats; on profite des moments d'attente pour échanger des nouvelles, pour allaiter le bébé, pour pique-niquer en famille. Au dispensaire, on vient chercher soins et conseils, mais on vient aussi prendre contact avec une société un peu plus large que celle de son village. Une centaine de personnes défilent quotidiennement. On y traite surtout le paludisme, les parasites, les affections vénériennes; on conseille les futures mères et celles qui ont de jeunes bébés. On réfère les cas graves à l'hôpital de Yaoundé.

Derrière le dispensaire, le Centre proprement dit: le pavillon de l'administration où s'affaire un personnel de secrétariat entièrement composé d'Africains; puis, les salles de cours, les dortoirs, les salles de physiothérapie et d'ergothérapie, les ateliers de prothèses. Le long des galeries couvertes, des enfants circulent, soit en fauteuil roulant, soit appuyés sur des béquilles ou des appareils orthopédiques. La plupart sont souriants; ils vous tendent la main, quêtent une caresse ou un peu d'attention; ce petit Valentin qui a la larme à l'oeil, c'est qu'il vient d'arriver et qu'il ne s'est pas encore consolé de l'absence de sa maman; dans quelques jours, il sera aussi gai que les autres. Il y a soixante-dix pensionnaires au Centre, auxquels viennent se joindre une quarantaine d'externes qu'on amène chaque jour en car; ce nombre est appelé à doubler bientôt.

Les salles de physiothérapie comportent des installations similaires à celles de nos institutions de rééducation. Un appareil nous est moins

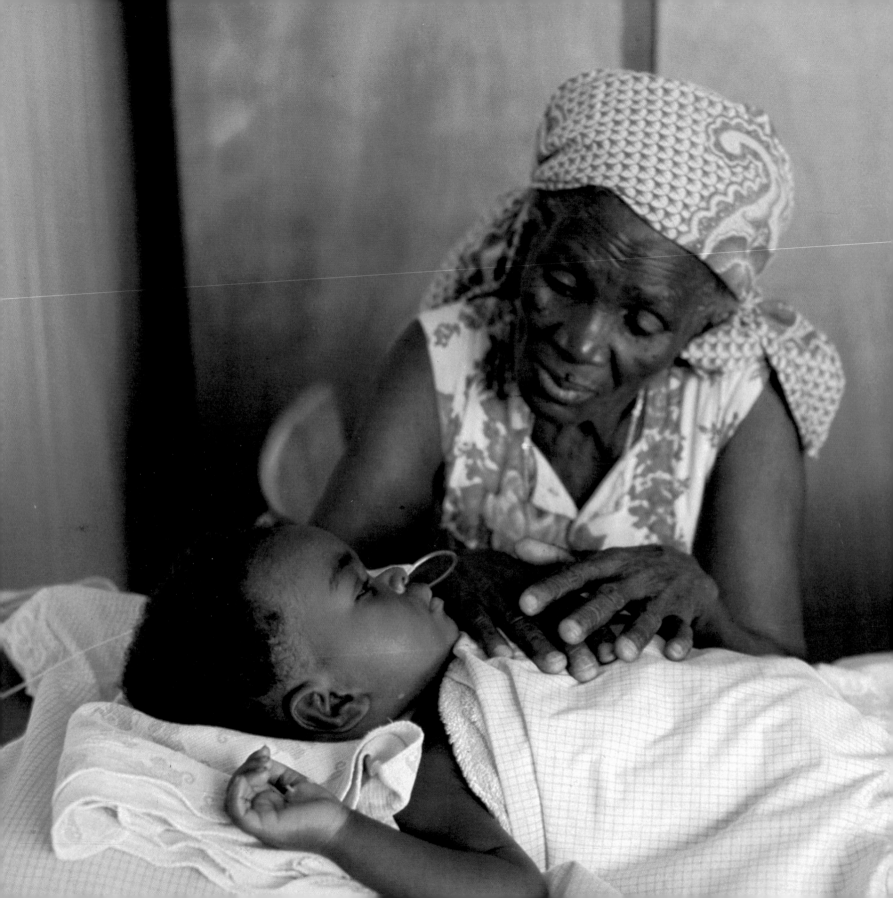

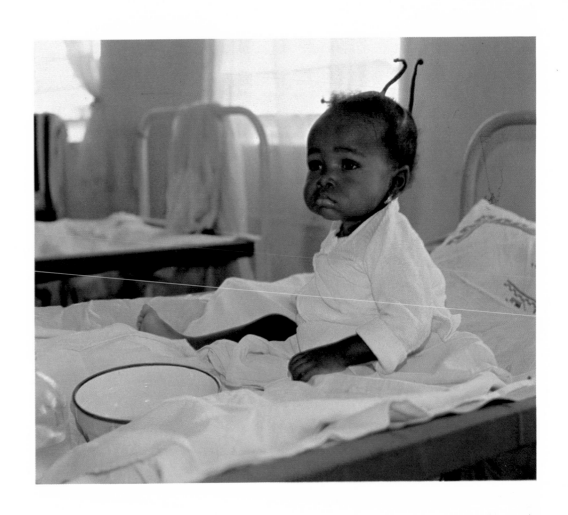

familier: une sorte de lit qu'on peut élever graduellement en position verticale; en effet, plusieurs petits patients qui arrivent au Centre ont toujours vécu en position horizontale; leur corps ne supporterait pas d'être mis brutalement debout; il faut y aller doucement, en accentuant un peu plus chaque jour l'angle de l'appareil qui les supporte. Le long des murs, des tables molletonnées servent à la kinésithérapie. Dans une salle contiguë, on peut voir des bains tourbillons, des appareils d'hydrothérapie. Au milieu de ce petit monde concentré sur les exercices qui feront d'eux des individus plus autonomes, un personnel spécialisé travaille dans la bonne humeur; une physiothérapeute canadienne enseigne à une mère comment faire le massage qui redonnera vie aux muscles paralysés de son enfant: de retour dans son milieu, la mère poursuivra elle-même le traitement. Au Centre, la participation donne aux patients un certain sens de la dignité; si on ne peut contribuer de ses deniers, on contribue de son action.

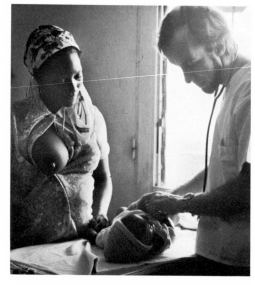

(A droite) *Une consultation au dispensaire. Au fond, garde Doris Albert, qui a travaillé durant deux ans au Centre.*

Une fois son traitement terminé, on se rend à l'école. Une salle de classe comme tant d'autres attend ces petits handicapés: tableau noir, dessins accrochés aux murs, odeur de craie; seulement, ici, on assiste au cours étendu sur une civière ou installé dans un fauteuil roulant; Oscar Njanga, le professeur, lui-même handicapé, aidera tel ou tel élève à ajuster son appareil orthopédique ou à s'installer confortablement pour écrire; l'atmosphère de cette classe est extraordinairement détendue; on y travaille dans la joie; en récompense des efforts de ses élèves, le professeur sort sa guitare, on fait de la musique, on chante, on s'anime, on invente des rythmes comme seuls les Africains savent en trouver.

A côté, dans les ateliers de prothèses, des handicapés et d'autres ouvriers travaillent au confort d'autres handicapés; on prend les mesures des clients; on taille et on coud les souliers orthopédiques; on invente des appareils de support; on fabrique des béquilles. "Ici, c'est peut-être le seul endroit au monde où on fabrique des béquilles en acajou!", s'écrie avec fierté Maurice Nsamelu, l'un des menuisiers: il faut dire qu'au Cameroun, l'acajou est un bois commun et bon marché. On s'ingénie à utiliser les produits locaux, meilleur marché et plus faciles à obtenir.

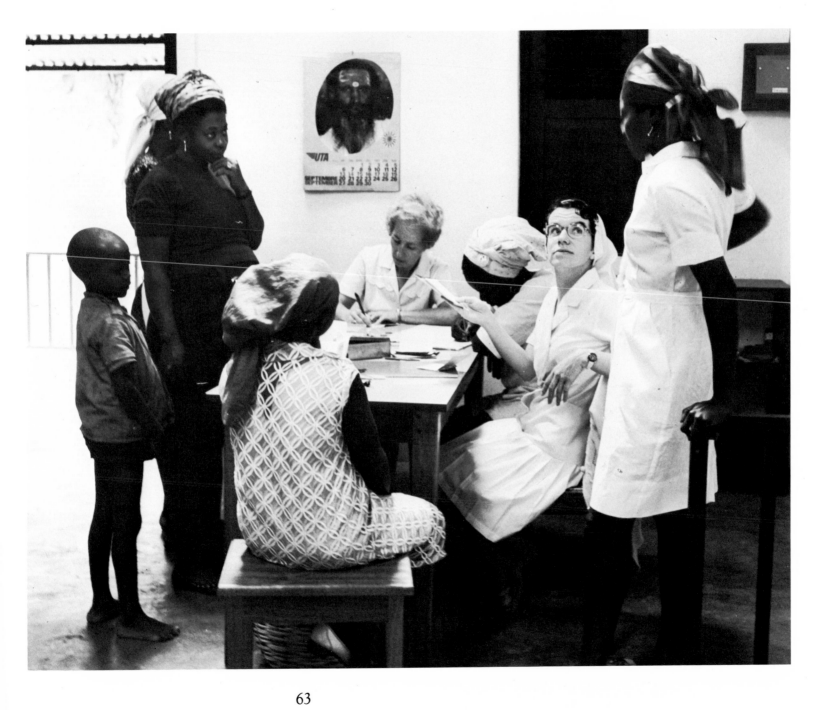

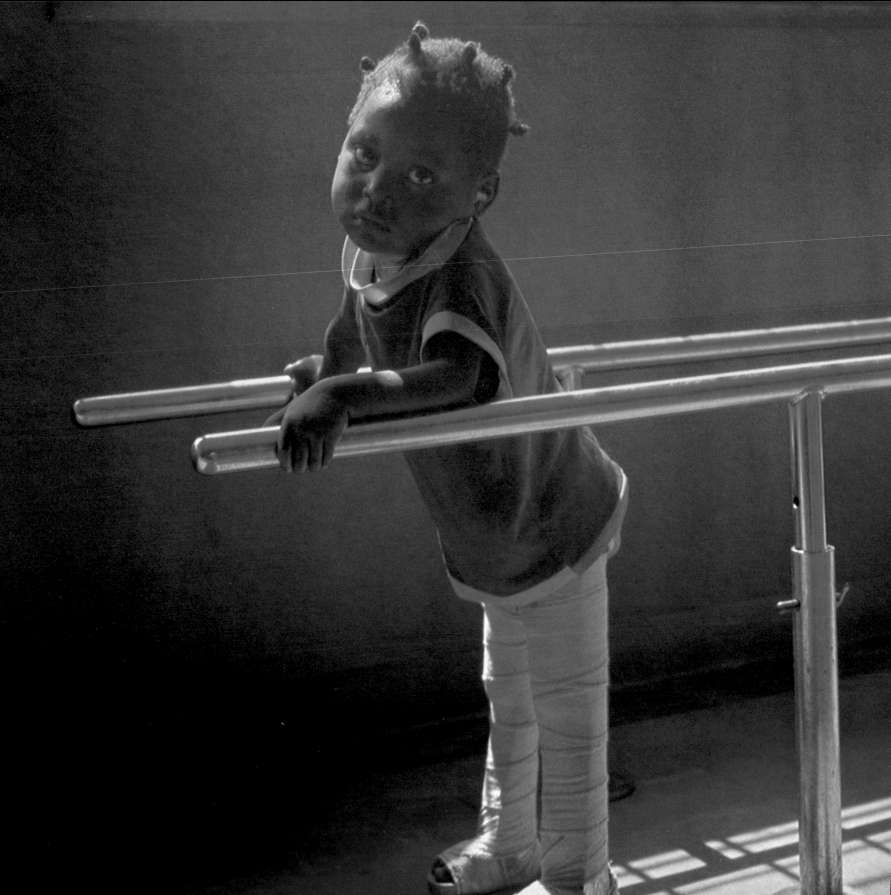

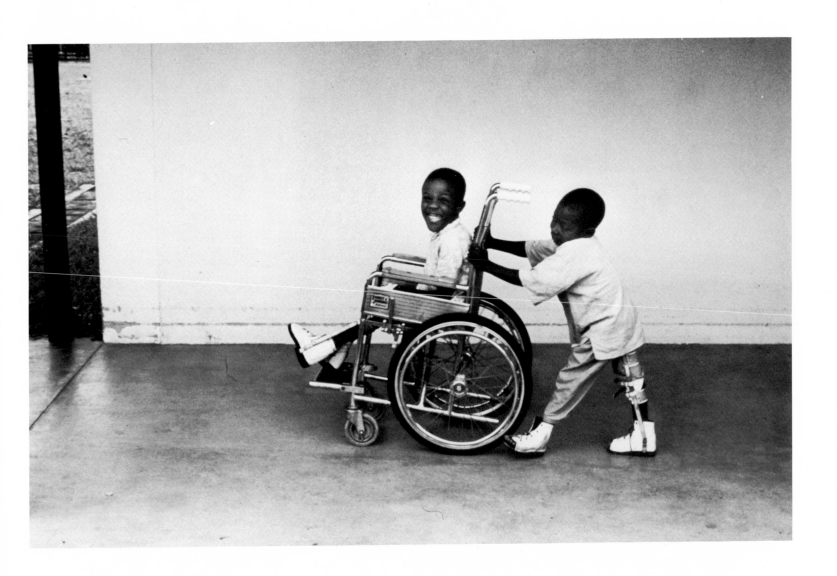

Les dons charitables se font souvent sans discernement: ainsi, ce don qu'un organisme d'ici avait fait au Centre d'une trentaine de chaises roulantes de fabrication canadienne. Ces chaises pouvaient être utilisées à l'intérieur de l'institution où les allées de ciment n'offrent aucune aspérité, mais dès qu'on a voulu les passer aux jeunes handicapés pour leur permettre de circuler à l'extérieur du Centre, les chaises n'ont pas résisté aux soubresauts que leur imposaient les routes africaines. Il fallait alors faire venir à grands frais des pièces du Canada: devant ces difficultés, les ouvriers de l'atelier ont tout simplement reconstruit des chaises à partir des reliquats de ces belles chaises chromées canadiennes et les ont complétées avec des pièces de bicyclettes et une solide structure de leur invention. Les chaises de fabrication artisanale reviennent à quarante dollars chacune, alors que les chaises importées en valent cinq cents. De plus, l'atelier est à même d'effectuer les réparations sans délai et sans frais exorbitants; et on parlera ensuite de l'indolence africaine . . .

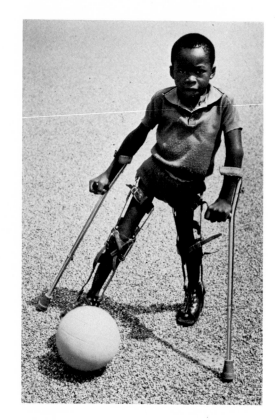

Plus loin, l'ergothérapie; des jeunes filles, dont plusieurs sont elles-mêmes handicapées, enseignent aux plus jeunes les rudiments du tissage, de la vannerie, de la couture; les enfants s'expriment en dessinant; naïveté touchante de l'imagerie enfantine universelle, qui rejoint la poésie par-delà les différences de conditions de vie, de climats et de races.

A l'heure des repas, on retrouve tout ce petit monde au réfectoire; une nourriture saine et abondante permettra de récupérer les forces. En attendant d'être servi, on chante: il semble que la musique, le rythme, le chant, viennent aussi naturellement aux Africains que la respiration. "L'Africain semble posséder une sorte de joie biologique, remarque le cardinal; dans les pires situations, il trouve moyen de rire et de chanter . . . ". Le menu comprend des mets locaux: riz, poulet, zébu, porc, légumes comme la patate douce, l'avocat, fruits tels le papaye, la banane, l'orange. Les enfants ne manquent pas d'appétit, d'autant plus qu'ils bénéficient, au Centre, d'un menu beaucoup mieux équilibré que chez eux, menu qui respecte toutefois leurs principales coutumes alimentaires.

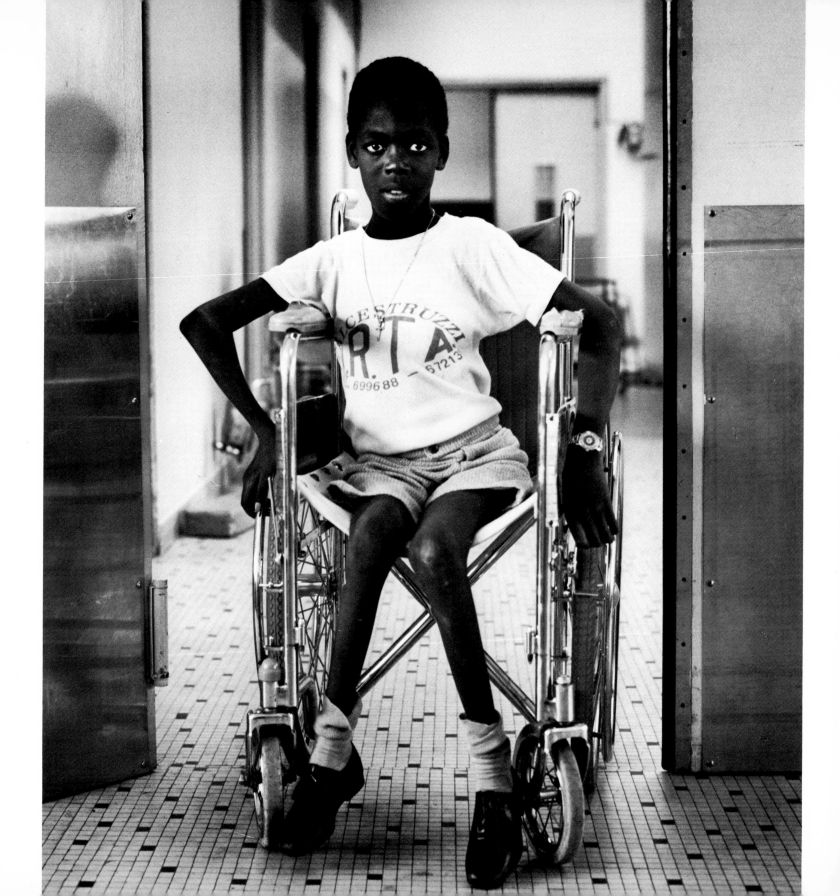

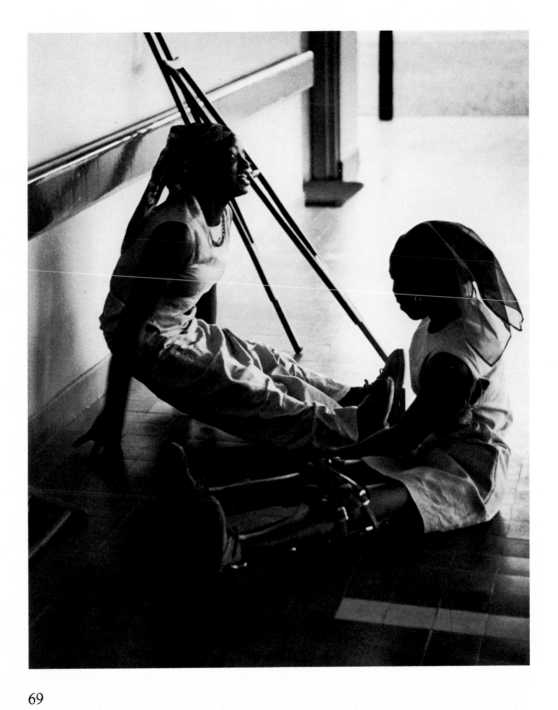

Au Centre, on soigne tous les enfants qui se présentent, quelles que soient leur langue et leur religion; certains viennent même de pays voisins, comme le Tchad et le Gabon. La langue couramment parlée est le français, mais les membres du personnel peuvent converser dans différents dialectes et servir d'interprètes à l'occasion. Quant à la religion qui prévaut c'est, bien sûr, la religion catholique; mais on ne sent aucune pression de la part des autorités pour imposer la pratique religieuse.

"Je crois que ce que nous devons apporter ici, ce n'est pas une théologie compliquée, mais uniquement le témoignage d'une vie consacrée à Dieu. La vie n'est pas une succession de choses extraordinaires, elle n'est que l'attention affectueuse aux besoins des autres . . . "

J'ai vu les petits handicapés se rendre le dimanche à la chapelle comme on se rend à une fête; les monitrices devaient refréner leur enthousiasme, tellement cet événement les rendait joyeux; il faut dire que ce jour-là, c'était le cardinal qui célébrait et quand le cardinal est là, c'est toujours la fête . . .

Bien qu'on donne priorité aux enfants, on soigne occasionnellement les adultes: par exemple, Jean Essomba, chef d'un village voisin qui, victime de la polio dans son jeune âge, n'avait jamais marché de sa vie. A cinquante-huit ans, cet homme revit grâce aux appareils et aux béquilles dont le Centre l'a équipé. Tous les jours, un employé le prend en voiture et il vient fidèlement faire ses exercices avec un sourire qui en dit long sur le plaisir qu'il éprouve à pouvoir enfin se déplacer par lui-même.

Les enfants séjournent de six mois à un an au Centre. Les directeurs médicaux tentent de réduire ce séjour au minimum afin de ne pas trop couper les enfants de leur milieu et de leurs habitudes. Il y a quelques années, on avait, avec la meilleure volonté du monde, placé certains enfants africains dans des hôpitaux européens, avec le résultat qu'au bout de quelque temps, il était très difficile de les réintégrer dans leur cadre normal. Actuellement, on essaie de réduire le plus possible le séjour de l'enfant en institution. On n'accepte que les enfants pour qui on

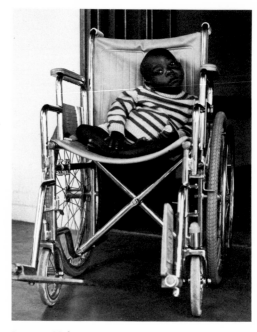

Le petit Valentin.

L'hydrothérapie.

73

peut faire quelque chose sur le plan de la rééducation; 85% de ceux qu'on soigne réapprennent à marcher. Actuellement, soixante enfants sont gardés au Centre et autant sont transportés matin et soir dans des cars spéciaux. Pour le moment, on donne priorité aux enfants victimes de la polio mais, éventuellement, on voudrait être en mesure de soigner également les adultes et tous les autres handicapés, quelle que soit l'origine de leur handicap. Mais il faut d'abord parer au plus pressé.

Déjà, on s'est préoccupé des handicapés mentaux. Attenant au Centre, le cardinal a fait construire un ensemble de trois pavillons — investissement de $460 000 — qu'il a remis à l'association des parents d'enfants handicapés. Cette association, composée exclusivement de parents camerounais, a organisé dans ces locaux une école pour les enfants déficients mentaux, l'Externat médico-pédagogique, surnommé plus poétiquement "la Colombe". Ouvert en 1972, la Colombe prend en charge des enfants de cinq à seize ans présentant des troubles tels que déficience mentale, problèmes affectifs ou caractériels, difficultés scolaires. Une spécialiste d'origine allemande, Mme Gisela Kraetzch, dirige actuellement l'Externat; elle est assistée de deux autres spécialistes et de cinq instituteurs. Quarante enfants fréquentent cette école; on s'occupe d'eux individuellement. L'une des méthodes préférées de Mme Kraetzch, la ludothérapie ou traitement par le jeu, donne d'excellents résultats chez ces enfants perturbés. Les arts plastiques, la musique, la danse, leur permettent de s'exprimer. On leur enseigne également un minimum de matières scolaires. Tout ce petit monde est transporté en car, matin et soir. Cette école entièrement administrée par des Camerounais continue néanmoins à recevoir un appui financier des oeuvres du cardinal.

78

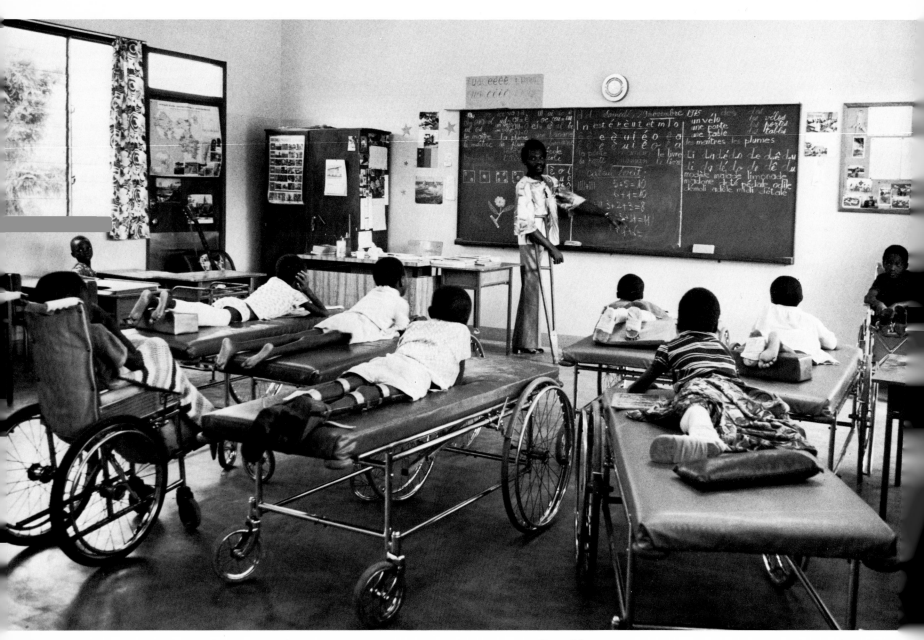

Oscar Njanga.

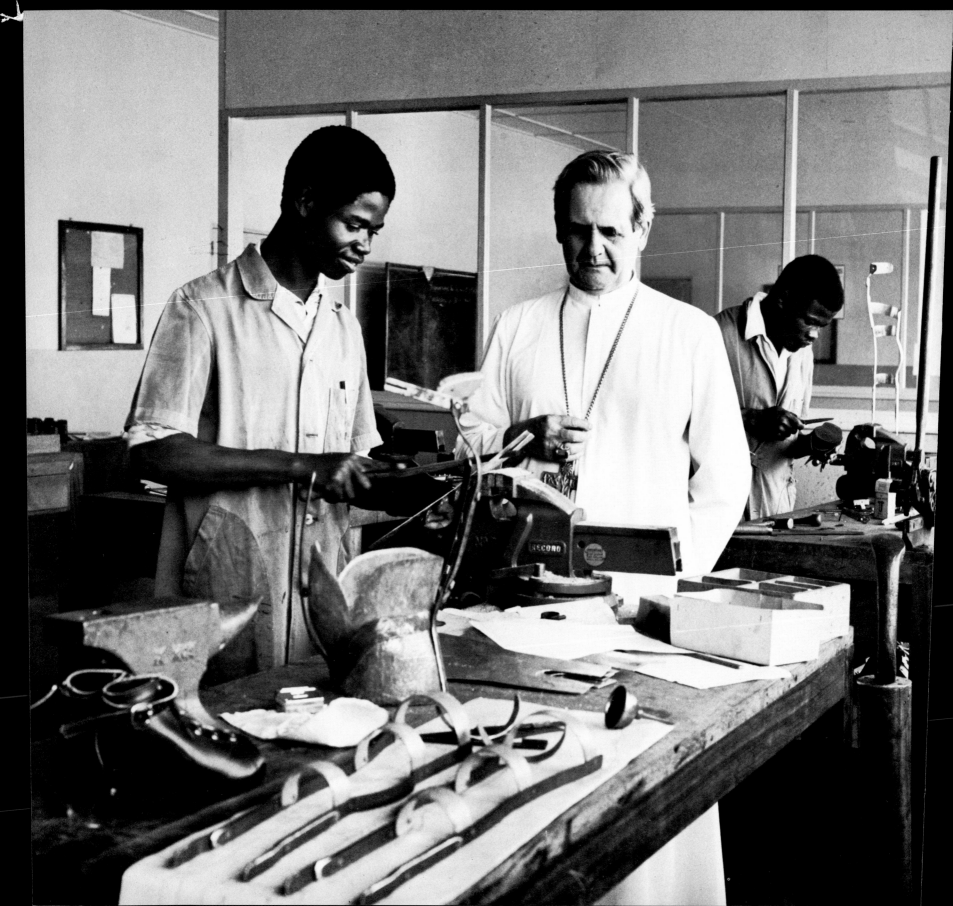

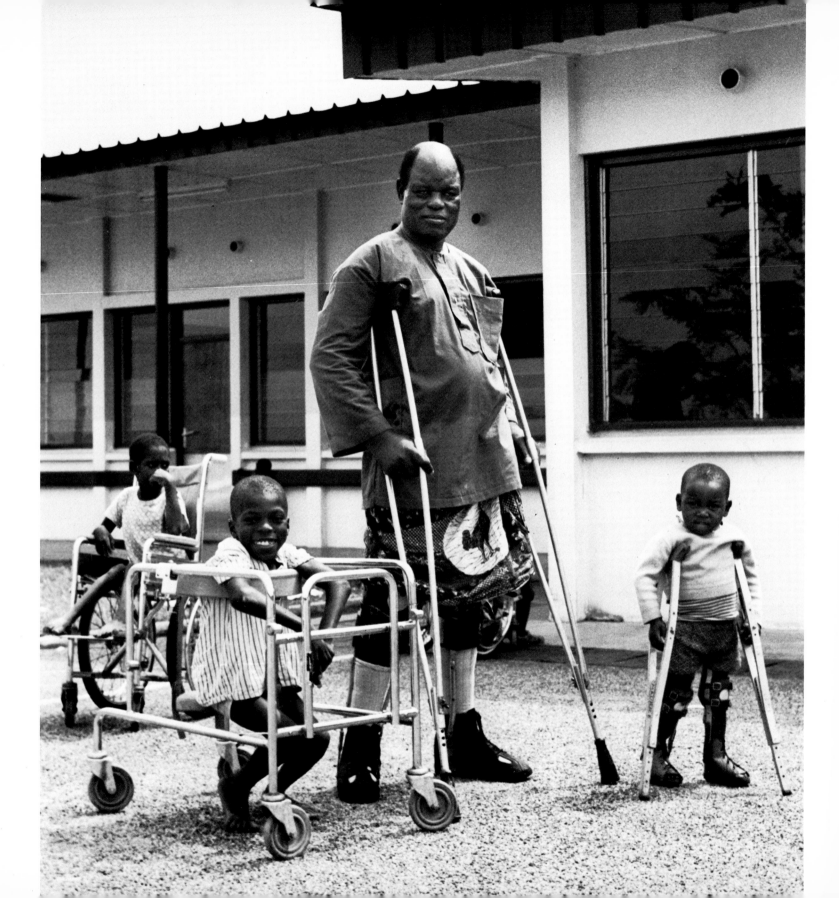

(Ci-dessus) *Madeleine est elle-même
handicapée. Elle est au Centre depuis les
débuts et elle est chargée de l'ergothérapie.*
(A gauche) *Le chef Jean Essomba.*

95

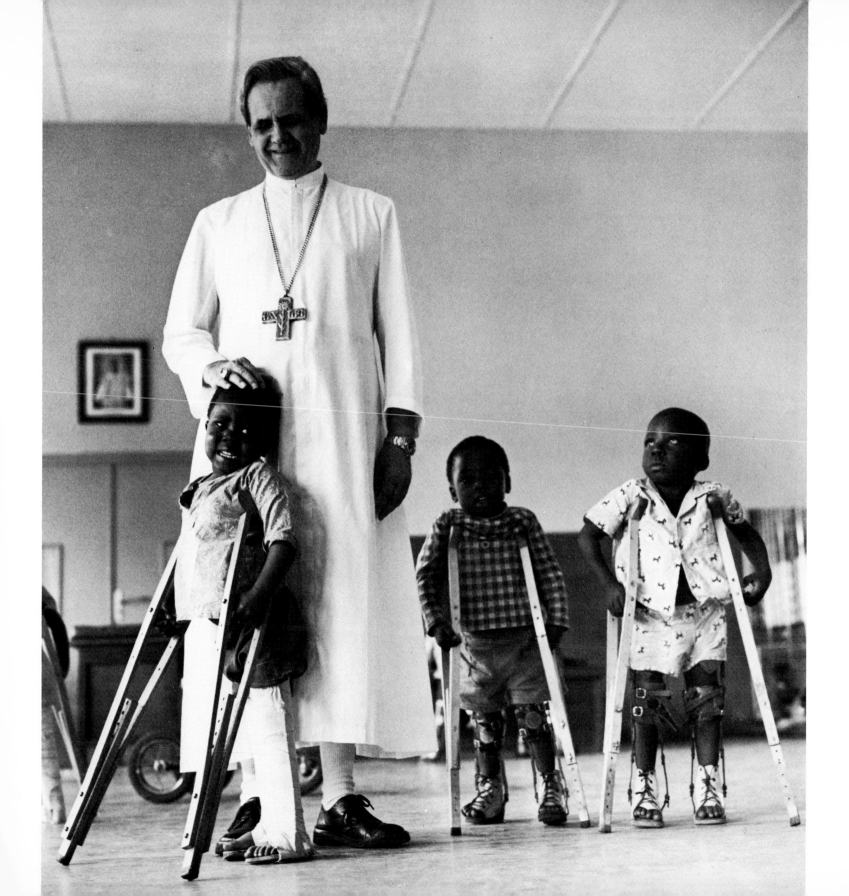

Dr Gisela Kraetzch.

98

L'ergothérapie. Mlle Ilonka Lessnau a travaillé
au Centre durant deux ans.

103

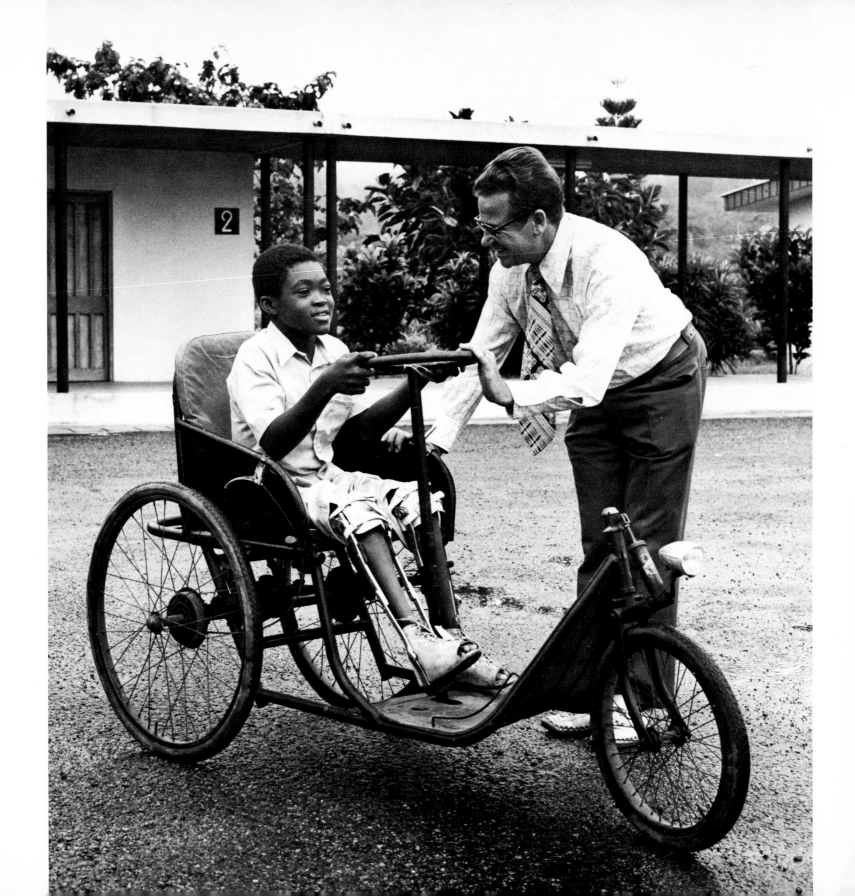

LE CENTRE possède un bureau de service social dirigé par le frère Camille Dugré qui s'occupe de faire le lien entre l'institution et le milieu familial. Vivant en Afrique depuis une vingtaine d'années, le frère Dugré connaît bien le milieu africain; il parle certains dialectes locaux et un peu de "pidgin", ce qui lui permet de communiquer assez facilement avec la population (quelque cent tribus parlant autant de dialectes). C'est lui qui s'occupe d'aller conduire chez eux les enfants dont le séjour au Centre est terminé; il voit ensuite à l'intégration du jeune infirme dans son milieu familial.

L'histoire de Jean Minka est assez typique du genre de travail qui incombe au frère Dugré; ce petit garçon de dix ans devait rentrer chez lui, après avoir été équipé d'un appareil orthopédique et de béquilles ajustables qui lui permettaient de circuler à peu près normalement. Sa mère avait fait un long chemin pour venir le chercher; le frère Dugré se met donc en route pour aller conduire en voiture la mère et l'enfant dans leur village, à environ cent trente kilomètres du Centre. Mais on avait compté sans les hasards du climat africain; la saison des pluies était officiellement terminée, mais il avait plu dans un certain secteur; résultat, la voiture s'est embourbée plusieurs fois et le frère Dugré, couvert de boue de la tête aux pieds, a dû laisser Jean et sa mère dans une famille amie en cours de route; heureusement qu'en Afrique on a toujours des amis quelque part! C'est la gendarmerie qui s'est chargée d'aller conduire la petite famille à bon port, une fois les routes en meilleur état. Quant au frère Dugré, ce n'était pour lui qu'une aventure de plus dans le cours d'un travail qui n'a rien de monotone . . .

107

(En haut) M. *Ahmadou Ahidjo, président du Cameroun, et le cardinal Léger à l'inauguration du Centre, en janvier 1972. (A gauche) Le cardinal et Mgr Etoga, évêque de MBalmayo. Au centre, le Dr Victor Goldbloom.*

LE CENTRE DE RÉÉDUCATION DES HANDICAPÉS de Yaoundé, c'est l'oeuvre la plus audacieuse du cardinal, et celle qui lui tient le plus à coeur. Les plans du Centre ont été conçus par un architecte suisse, M. C. H. Strobel; quant à la construction, elle a été confiée à l'entreprise Gecicam (Génie et construction du Cameroun). Ce Centre est très fonctionnel, bien adapté au climat du pays, pourvu d'allées couvertes où les enfants peuvent circuler sans problème durant la saison des pluies; les réfectoires et salles de cours comprennent les espaces nécessaires au maniement des chaises et civières roulantes. "Quand j'ai visité cet emplacement pour la première fois, dit le cardinal, la colline était envahie par les épines et les fourmilières . . . " Il faut avoir vu les fourmilières d'Afrique qui peuvent atteindre la taille d'un homme, il faut avoir connu l'enchevêtrement de la brousse, pour comprendre la fierté du cardinal devant l'aspect pimpant qu'offre aujourd'hui le Centre entouré de pelouses et de jardins.

La construction, l'équipement et les frais d'opération représentent un investissement d'environ $2 500 000 dont $1 500 000 ont été fournis par *Le Cardinal Léger et ses oeuvres.* Le Gouvernement canadien a octroyé près de $1 000 000. "Sans l'apport des Canadiens, ce Centre n'aurait jamais vu le jour", dit le cardinal. En effet, le gouvernement camerounais a bien sûr fait sa part en construisant la route et en se chargeant d'amener l'eau et l'électricité, mais il ne pouvait pas, au départ, en financer l'opération.

Malgré tout, on a finalement fait l'unanimité autour de l'oeuvre. Le Centre a été inauguré le 15 janvier 1972, en présence du président du Cameroun, M. Ahmadou Ahidjo, des ministres Jean Chrétien et Victor Goldbloom, du délégué papal et d'environ quatre cents Canadiens.

Même si le Centre demeure avant tout une oeuvre de bienfaisance, même si les familles qui lui confient un enfant sont le plus souvent très démunies, on demande aux gens de contribuer selon leurs moyens aux frais de traitement. Même si cette contribution est minime, on l'exige, dans le but de sauvegarder la dignité humaine des intéressés et aussi pour

(En haut) *Le ministre Jean Chrétien et le cardinal Léger à la cérémonie d'ouverture.*

éduquer peu à peu à une saine autonomie ces populations qu'on a eu parfois trop tendance à aider sans les consulter. On accepte même les dons en nature: il n'est pas rare de recevoir en paiement un mouton ou une chèvre.

N'empêche que la population locale ne contribue que dans un faible pourcentage aux frais de fonctionnement du Centre. Chaque jeune patient coûte environ $1 500 par année. Certains organismes internationaux, tel l'organisme suisse Terre des Hommes, acceptent de parrainer une trentaine d'enfants; seize autres ont des parrains canadiens qui défraient entièrement le coût de leur traitement; pour le reste, *Le Cardinal Léger et ses oeuvres* doit trouver les fonds nécessaires pour maintenir et développer le Centre de Yaoundé: un budget annuel de $500 000. Depuis la visite, en avril 1975, du ministre canadien des Affaires extérieures M. Allan MacEachen, on a maintenant l'assurance qu'à partir de 1977 le gouvernement canadien partagera les frais; pour sa part, le gouvernement camerounais s'est engagé à défrayer 25% des coûts, à partir de la même date: cette dernière contribution s'inscrit dans une politique de remise progressive du Centre aux autorités locales. Tout en veillant à l'établissement et au progrès de cette oeuvre, le cardinal a longuement préparé la relève africaine; sur un personnel d'une centaine de personnes, il ne reste que dix employés canadiens ou européens; un médecin camerounais, le Dr Isaac Ebengué, fait actuellement un stage en physiatrie à l'Institut de réadaptation de Montréal, sous la direction du Dr Gustave Gingras qui est lui-même l'un des consultants du Centre de Yaoundé. Un professeur en physiothérapie, Louise Brissette de l'université Laval, s'occupe de former des physiothérapeutes africains. Du côté de l'administration, les responsables actuels du secrétariat se préparent à prendre la relève sous l'habile direction de M. Gaspard Massue et de Mme Rollande Dominique.

Le Dr Gustave Gingras, directeur de l'Institut de réadaptation de Montréal, s'est acquis une réputation mondiale dans le domaine de la réadaptation. Il joue le rôle de consultant auprès de la direction du Cen-

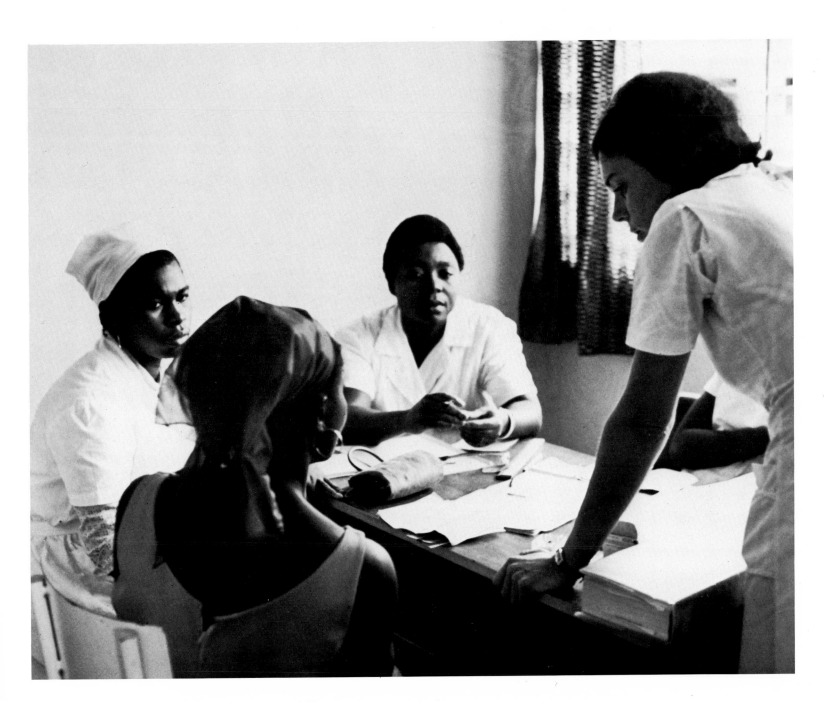

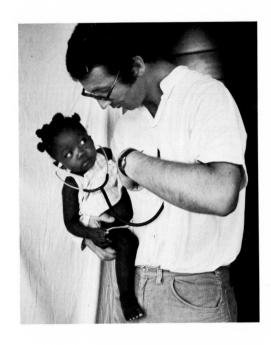

tre de Yaoundé. D'après lui, une des raisons du succès de cette oeuvre vient du fait que les Canadiens, n'ayant pas de passé colonial, sont bien accueillis dans tous les milieux africains. "Les Canadiens sont devenus de véritables missionnaires de la santé en Afrique", dit-il. Le Dr Gingras croit que même lorsqu'un personnel africain aura finalement pris la relève, les Canadiens continueront de jouer un rôle important, principalement pour ce qui est de l'apport financier et de la formation du personnel.

LES GENS

(A gauche) *La consultation auprès d'un sage du village.*

POUR COMPRENDRE l'oeuvre du cardinal au Cameroun, il faut la situer dans le contexte africain, tellement différent de ce que nous connaissons. Essayons d'abord de donner quelques impressions de cette vie africaine exubérante et colorée.

Aux alentours de Yaoundé, le sol est rougeâtre; les murs des cases, sortis de la terre, tirent aussi sur le rose en saison sèche. Dans cette partie du pays, on enterre ses morts juste en face de sa case. La case, entourée de son petit jardin et de ses tombes, symbolise bien le cycle de l'homme vivant de la terre et retournant à la terre. Un peu partout autour des maisonnettes éparpillées sans ordre précis, sur les routes, ou plutôt sur les pistes, comme on les appelle là-bas, les poules, les cochons et les chèvres s'ébattent librement; au milieu de ce va-et-vient, des dizaines d'enfants demi-nus se poursuivent ou se traînent dans la poussière; pas étonnant qu'ils soient infectés de parasites. Les adultes, vêtus de costumes aux couleurs vives, vaquent à leurs occupations; pour faire la conversation, on s'assoit par terre, car les meubles sont rares; femmes et enfants transportent sur leur tête les lourds bidons d'eau puisée à la fontaine publique ou les régimes de bananes achetés au marché. Le marché, c'est tout bonnement un rassemblement de gens à un carrefour: on pose simplement par terre ou sur des nattes une pyramide d'oranges ou de papayes, on étale un sac de cacahuètes, on dispose quelques galettes cuites sur la braise et on attend le client, assis en plein soleil. Les plus fortunés s'abritent sous des parapluies servant pour l'occasion de parasols.

On marche beaucoup en Afrique, car les moyens de transport sont rares. Les chemins sont remplis de gens qui circulent d'une démarche nonchalante; les femmes, en plus de porter leur petit sur leur dos, déambulent la plupart du temps avec un fardeau quelconque sur la tête; les sacs d'école se transportent de la même façon. C'est un spectacle très amusant que d'assister à la sortie des écoliers: comme partout, on sort de l'école en courant et en se bousculant, mais sans jamais faire tomber le sac de livres qu'on porte sur sa tête.

Dans sa pauvreté et sa misère, tout ce monde semble de bonne humeur. Quand on déambule sur la piste, on n'en finit pas de rendre les sourires et les bonjours. "Quand l'Africain pleure pendant huit jours, il rira pendant huit jours, dit le cardinal; il exorcise sa peine par une joie bruyante, par des danses exubérantes". Cela est vrai de la majorité des Africains qui vivent en brousse; ceux des villes sont souvent un peu distants.

Situé à peu près au centre du continent africain, sur la côte atlantique, le Cameroun est un pays charnière aux paysages variés; au nord, c'est la savane, au milieu, la montagne, au sud, la forêt tropicale. Il compte 5 836 000 habitants. Les deux principales villes, Douala et Yaoundé, sont très différentes l'une de l'autre. Bâtie sur la côte, en terrain bas et humide, Douala est une ville commerciale et industrielle, à l'image de bien d'autres métropoles africaines. Quant à Yaoundé, la "ville aux sept collines", c'est la capitale administrative et intellectuelle: hôtels, ministères, résidences entourées de jardins donnent au centre-ville un aspect assez coquet. C'est en banlieue de cette agréable capitale que le cardinal a établi ses quartiers généraux.

Assez curieusement, le Cameroun vit une situation semblable à celle du Canada sur le plan linguistique; en effet, ce pays est en réalité une fédération, réunissant une ancienne colonie britannique et une ancienne colonie française, sauf qu'ici, c'est l'élément français qui domine. C'est un des pays d'Afrique les plus scolarisés: 80% des enfants fréquentent l'école; cependant, le taux d'analphabétisme reste très élevé chez les adultes. Plus de 10 000 étudiants fréquentent l'université.

De quoi vivent les Camerounais? Ils vivent de peu, puisque le revenu annuel par personne se chiffre à environ $160. Le Cameroun possède peu d'industries: les principales sont les usines d'aluminium et d'énergie électrique. La plupart des Camerounais vivent d'agriculture; on cultive surtout le café, le cacao, le coton, les bananes. Il existe peu de grandes plantations, mais plutôt une multitude de petites, taillées à même la brousse. "Ce pays repose sur les épaules des femmes, remarque

(En haut) *Ce garçon parcourt régulièrement plus de dix milles, une lourde charge en équilibre sur la tête, pour se rendre au marché.*

le cardinal; ce sont elles qui s'occupent des cultures, tout en portant leur enfant sur leur dos . . . "

Indépendant depuis 1960, le Cameroun est devenu une république fédérale en 1961. Le président de la République, M. Ahmadou Ahidjo, est un musulman, originaire du nord du pays; il porte fièrement la djellaba et le fez; d'après son entourage, il a une grande admiration pour l'humanité et la compréhension dont le cardinal Léger fait preuve dans son travail au Cameroun. En plus d'être présent à l'inauguration du Centre pour les handicapés, le président a tenu à visiter personnellement le Centre. Les relations entre le cardinal et les autorités gouvernementales sont excellentes, car peu de Blancs ont su répondre de façon adéquate aux besoins d'un milieu du Tiers-Monde.

Ainsi, ce Centre de rééducation des handicapés venait combler un vide dans le système hospitalier camerounais; comme dans toute l'Afrique, le secteur de la santé accuse d'énormes besoins: le Cameroun n'a que deux cent vingt-cinq médecins pour une population de cinq millions d'habitants. On compte une quarantaine d'hôpitaux, mais la majorité sont plutôt du type dispensaire et assez mal équipés. Il n'est pas étonnant que la polio fasse autant de ravages.

Parallèlement au mouvement de rééducation des handicapés amorcé par le cardinal, on a entrepris une vaste campagne de prévention contre la polio: le Canada a fourni une cargaison de vaccin; un peu partout, des affiches invitent la population à se faire vacciner. Mais il faut compter avec les difficultés de transport, de réfrigération, la mentalité locale peu encline à ce genre de précautions. Les progrès sont lents. En attendant, au Centre de rééducation, on est loin d'arriver à répondre à toutes les demandes . . .

Mais le Centre de Yaoundé existe et fonctionne, et on peut espérer qu'il continuera sur sa lancée; la construction du Centre a même eu des effets secondaires inattendus: en effet, le quartier environnant s'est considérablement développé, et les villages voisins du Centre profitent, à bien des points de vue, du va-et-vient des gens autour de l'institution.

Un marché en plein air s'est installé au carrefour. Le long de la route, des cases se sont construites, transformées à quelques endroits en minuscules boutiques où l'on vend de la bière et de l'eau gazeuse: ces petits établissements s'intitulent assez pompeusement "Cafés"; il y a même, dans le voisinage du Centre, un café dont l'enseigne proclame fièrement *Café Centre des handicapés!*

*Le coton est transformé en étoffe et le tailleur
du village confectionne les vêtements.*

139

(A gauche) *Une messe à Yaoundé.*

141

(A gauche) *Des écoliers pygmées et leurs planchettes à écrire.*

145

Une famille de pygmées.

149

153

Un village au nord du Cameroun.

157

169

173

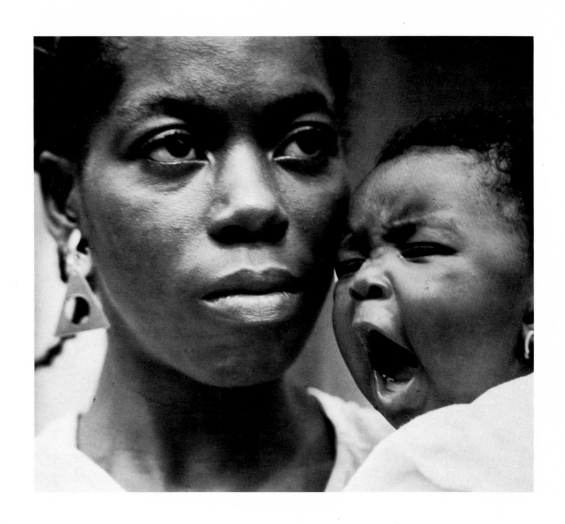

(En haut) *Au nom des Variety Clubs International, Danny Kaye présente au cardinal Léger le* Humanitarian Award *pour l'année 1976.*

B IEN SÛR, les oeuvres que le cardinal a fondées en Afrique sont bien installées et rendent de grands services. Mais il faut continuer à les alimenter, même dans l'éventualité d'une remise de ces institutions aux mains des Africains. On a besoin d'un budget de $500 000 par année pour faire fonctionner les services existants; il faut trouver des parrains pour les jeunes handicapés, des gens prêts à débourser les $1 500 par an que coûtent les soins de chaque enfant au Centre de rééducation de Yaoundé. Malgré le succès des oeuvres déjà en place, le cardinal n'est pas satisfait: il projette de fonder une école technique pour donner un métier aux handicapés; il pense aux orphelins, aux vieillards, aux délinquants dont personne ne s'occupe. "Nous avons exporté en Afrique nos manières de vivre, mais nous y avons exporté également les séquelles de l'urbanisation et de l'industrialisation: la délinquance juvénile, l'abandon des vieillards et des orphelins. Nous avons profité des matières premières de ces pays; maintenant nous avons le devoir de corriger les conséquences sociales de nos interventions". Le cardinal ne sollicite pas les riches au nom de la charité, mais bien au nom de la conscience sociale: notre contribution à l'aplanissement des inégalités entre notre monde et le tiers-monde, il ne la place pas au plan de la bienfaisance, mais bien au plan de la justice. "Nous, les Blancs, avons des responsabilités vis-à-vis du continent noir. Il y a des obstacles presque infranchissables qui nous séparent de ces populations parce que, instinctivement, elles pensent à l'esclavage dont elles ont été les victimes, au colonialisme, puis à un certain néo-colonialisme. Nous sommes les emblèmes de ces réalités passées . . . "

Le cardinal s'est donné pour mission d'attirer l'attention du public et des gouvernements sur la misère du Tiers-Monde. Il se sert de son prestige pour établir un pont entre les pauvres et les riches. Souvent, on peut se sentir impuissant devant l'immense détresse d'une bonne partie du monde. Heureusement, il existe de ces hommes-clés par l'entremise desquels on peut canaliser toutes les souscriptions, petites ou grandes.

En 1969, le cardinal reçoit le prix de la Banque Royale du Canada. Le président du Cameroun, M. Ahmadou Ahidjo, lui a décerné la plus haute décoration en usage au pays, la médaille de Commandeur de l'ordre de la valeur. Voici qu'en 1976, le Variety Clubs International, organisation de bienfaisance, le choisit comme l'homme de l'année. Cette distinction a été accordée par le passé à des personnalités de la taille de Winston Churchill, Martin Luther King, Albert Schweitzer, le Dr Salk. A cet honneur est rattachée une donation de $50 000. Lorsqu'on lui a annoncé cette nouvelle, le cardinal était tout étonné . . . Ces honneurs, il les accepte en toute humilité, pour ses oeuvres, avec un total désintéressement personnel.

Ce tableau optimiste tracé en quelques lignes ne peut faire état des angoisses et des soucis qu'a vécus le cardinal pour en arriver à de tels résultats; qu'on essaie d'imaginer cet homme, habitué au support d'un système administratif de style nord-américain, aux prises, du jour au lendemain, avec des difficultés de tout ordre: mentalité africaine tellement différente de la nôtre; employés canadiens souffrant à l'occasion du mal du pays; divergences entre le personnel formé en Europe et le personnel formé au Canada; inconvénients du climat tropical; contretemps causés par la distance entre lui et son bureau de Montréal. Il fallait beaucoup de ténacité, mais surtout beaucoup de foi, pour en arriver malgré tout à mener une telle oeuvre à bien.

Après beaucoup d'autres Canadiens, le cardinal nous aura donné de l'Afrique la vision d'un monde à la fois exubérant et pitoyable, d'un monde à qui, selon son exemple, nous nous devons de tendre la main. Alors qu'on lui demandait s'il gardait de bons souvenirs de l'Afrique, le cardinal répondait: "Je prends ce que le Seigneur me donne au jour le jour. Je ne m'encombre pas de souvenirs: trop souvent, les souvenirs paralysent l'action. Je m'applique seulement à ne pas faire mentir l'évangile . . . "

Mais à travers les exigences de son action, au milieu des honneurs qui lui échoient, le cardinal n'oublie jamais cette image qui l'obsède, ce fossé qui sépare les hommes et dont la profondeur lui donne le vertige.

190